re•inicio

20 CLAVES PARA UNA VIDA DE ORACIÓN CONSTANTE

BOB SORGE

OASIS HOUSE • KANSAS CITY, MO

REINICIO: 20 Claves para una Vida de Oración Constante

Publicado por Oasis House
PO BOX 522
Grandview, MO 64030-0522
816-767-8880

Edición: Edie Mourey
Diseño de cubierta: Andrew Beauman
Adaptación de diseño interior: Dale Jimmo
Traducción: Brenda Bravatty

Agradecimiento especial a Andrés Spyker por dar a luz la idea de este libro y a Tracey Sliker por proporcionar el título.

ISBN: 978-1-937725-43-3

Para información de todos los libros de Bob, por favor visite www.oasishouse.com
twitter.com/BOBSORGE
facebook.com/BobSorgeMinistry
Blog: bobsorge.com

Para ver los videos de Bob, vaya a youtube.com y entre a buscar "Bob Sorge Channel"

Todos valoran la importancia de la oración y todos queremos orar en una forma significativa. Pero para muchos el camino parece confuso e intimidante. Bob simplemente hace que esta meta sea alcanzable. ¿Quiere un inicio fresco? ¡Hágase un favor a usted mismo y lea esta joya!

Andrés Spyker, Pastor, Mas Vida, México

Las decisiones determinan destino. Que gran decisión —iniciar un hábito de oración diaria en veinte día—. De verdad, usted lo puede hacer. Su vida será enriquecida. Inicie ahora y practique Su Presencia cada día.

Robert Barringer, Pastor principal, Camino de Vida, Lima, Perú

En una ocasión alguien me preguntó: si pudiera resumir en dos palabras las claves del éxito de su iglesia, ¿cuáles serían? Sin pensarlo respondí: oración y perseverancia. De eso se trata precisamente este libro, 20 claves para una vida de oración constante, y quién mejor para escribirlo que Bob Sorge, un hombre a quien admiro porque de él he aprendido mucho acerca de tener intimidad con Dios en otros libros que ha escrito como: "Exploración de la adoración" y "Secretos del Lugar Secreto".

Andrew Corson, Pastor, El Lugar de Su Presencia, Bogotá, Colombia

Mucho se habla de intimidad con Dios, muy pocos guían a como alcanzarla. "Reinicio" es un libro donde Bob Sorge te toma de la mano y te guía a alcanzarla.

César Fajardo, Pastor, Sin Muros Ministerio Internacional, Bogotá, Colombia

Yo aprendí en mis primeros pasos con el Señor, que nuestra vida de oración era la expresión máxima de una vida rendida a Jesús. En efecto, fue después de que yo leí las historias de los grandes guerreros de oración, que yo me convertí en alguien muy inspirado para orar. Como resultado la oración se convirtió en la emoción más grande, pero también en la frustración más grande. Hubiera deseado tener este libro en ese entonces. Finalmente, aquí hay alguien que ha escrito un libro que mantiene el poder y la importancia de la oración y al mismo tiempo la hace práctica y posible de realizar para todos. Abrace el reto de Reinicio y usted será cambiado para siempre.

Bill Johnson, Pastor Principal, Iglesia Bethel, Redding, California

Bob Sorge ha dedicado su vida ministerial a equipar creyentes para una profunda intimidad con Dios. Mas que una guía de oración, este libro es una mirada dentro de la jornada personal de Bob, de búsqueda del Padre. ¡Si usted quiere una vida de oración más constante y no sabe dónde encontrarla, este libro es perfecto para usted!

Robert Morris, Pastor Fundador, Iglesia Gateway, Dallas, TX
Autor de *Una Vida de Bendición, El Dios que Nunca Conocí, Verdaderamente Libres y Frecuencia*

REINICIO

REINICIO: 20 Claves para una Vida de Oración Constante

INSTRUCCIONES

Abróchese el cinturón, usted está en el umbral de una aventura espiritual. Este manual guiará su búsqueda para cultivar una relación significativa e íntima con Jesucristo

Acá le presento algunas sugerencias para maximizar su jornada de 20 días:

- Cada día traiga Biblia, libreta y pluma a su Reinicio.
- La mayoría de capítulos le invitan a escribir una Escritura o hacer algún tipo de anotación. Si usted está leyendo este libro en formato electrónico, entonces, yo sugiero que use una libreta junto con su aparato.
- ⏻ Este ícono le invita a que haga una pausa y reflexione en lo que usted acaba de leer.
- En la parte de atrás de este libro, usted encontrará algunas preguntas opcionales para discusión de grupo. Cuando sea posible, haga su Reinicio con un grupo pequeño.
- Para aquellos en redes sociales, ustedes pueden subir fotos para sus amigos, y decir, yo estoy en #ReinicioOracion.
- Visite PrayerReset.com para un video en inglés, de introducción a esta guía.

¿Se ha frustrado en intentos de devocionales diarios en el pasado? Tome Reinicio. Dios esta con usted. Usted está por descubrir nuevas esferas de gozo en Su presencia.

Día 1
DESEE

Una vida de oración constante y significativa,—eso es lo que usted desea—. Por eso está aquí. La oración tiene el potencial de ser un deleite, de ser recíproca, de ser una expresión completa del corazón, de dar fortaleza y de ser poderosa. Y usted quiere eso.

Todo empieza por un deseo ardiente por Cristo.

Imagine por un momento. Usted se ha retirado a un lugar escondido y tranquilo; la puerta está cerrada; la silla está cómoda; tiene una taza y su Biblia está abierta; es su tiempo favorito del día. Y ahora empezará a hacer lo que más le gusta—hablar con su mejor Amigo—, Jesús.

En realidad, es solamente hablar en un lenguaje común. Usted expresa su adoración, gratitud y devoción. Ningún tema en este momento es inadecuado. Y las cosas que admiramos de El no tienen fin: Su asombrosa salvación, Su majestuosa gloria, Su naturaleza tan atractiva y Su misericordia sin límites. Él es su refugio secreto por siempre.

Es increíble, el mismo Jesús se sienta con nosotros y nos da seguridad de Su presencia. Ya que estamos bajo la sangre de Cristo, el Padre nos acepta ¡qué maravilla!

Nosotros somos lavados y renovados por la palabra y por el Espíritu. El amor se despierta mientras meditamos en las Escrituras. Nuestro espíritu es encendido, nuestro cuerpo recibe vida y nuestra alma es restaurada. Nosotros le hablamos a Él y Él nos habla en un lenguaje de amistad íntima.

Ahhh, no hay nada mejor que esto, ¡Esto es lo que nosotros queremos!

> *"Una cosa he demandado a Jehová, esta buscaré; Que esté yo en la casa de Jehová todos los días de mi vida, Para contemplar la hermosura de Jehová, y para inquirir en su templo." (Salmo 27:4)*

David describe su principal deseo en el salmo 27:4. Hágalo suyo también. Use este versículo para expresarle a Él los anhelos de su corazón. **ORE.**

- ✦ Dígale que sólo hay una cosa que usted desea.
- ✦ Exprese su deseo de buscarle diligentemente.
- ✦ Dígale que usted quiere vivir en Su presencia continuamente.
- ✦ Añore contemplar Su belleza.
- ✦ Indague Su voluntad, pensamientos, planes y sabiduría.

Tome unos minutos para expresarle estas cosas a Dios. ⏻

Vea cuán inspirados estaban los discípulos, cuando vieron orar a Jesús.

Aconteció que estaba Jesús orando en un lugar, y cuando terminó, uno de sus discípulos le dijo: Señor, enséñanos a orar, como también Juan enseñó a sus discípulos. Y les dijo: Cuando oréis, decid: Padre nuestro que estás en los cielos, santificado sea tu nombre. (Lucas 11: 1-2)

La vida de oración de Jesús les inspiró, por eso ellos le pidieron que les enseñara a orar de la misma forma. Él respondió rápidamente. La forma en la que Jesús enseñó acerca de la oración mostraba cuán importante era la oración para Él.

ORE. Piense cuán real y comprometida debió haber sido la vida de oración de Jesús. Repita la petición de los discípulos: *Señor, enséñame a orar. Como tú orabas.*

Tome una pluma y escriba. ¿Cuál es la vida de oración con la que usted ha soñado? Pídale a Él que le ayude a expresar en palabras escritas, lo que usted desea que su vida de oración sea. Exprese lo que usted espera que suceda en los próximos 20 días.

Yo estoy haciendo este Reinicio, porque deseo que mi vida de oración sea: ....

....

....

El "único" deseo de David, era también la "única cosa" para Pablo. Nosotros lo vemos en este pasaje:

A fin de conocerle… Pero una cosa hago (Filipenses 3: 10, 13)

El deseo ardiente de Pablo era conocer a Cristo. Por eso él oraba y por eso nosotros oramos. Hay una cosa que nosotros anhelamos por sobre todas las cosas: conocer más a Jesús.

ORE:

- ✦ Dígale a Él cuán profundamente usted desea una vida de oración que permanezca.
- ✦ *Jesús, Yo te quiero conocer.*
- ✦ Confiese que usted es demasiado débil en su propia fuerza para recorrer la distancia. *Sin ti yo no puedo hacer nada, Señor Jesús.*
- ✦ Exprese su completa dependencia en Su fortaleza.
- ✦ ¡Pida el auxilio de Su gracia!
- ✦ Pida que un deseo santo arda cada vez más en su corazón.
- ✦ Reciba gracia para correr la carrera.

La primera piedra fundamental de una vida de oración es el deseo. Por Su gracia, Jesús le está dando un deseo ardiente para orar. ¡Que tenga un día maravilloso!

NOTAS

Día 2
DECIDA

Recuerde: Ayer nosotros identificamos nuestro anhelo por "una cosa": conocer a Cristo. ¿Quiere que este deseo ardiente por una relación con Jesús continúe encendido y creciendo durante toda su vida?

Nuestro libre albedrío, como seres humanos, es una de las posesiones más valiosas. Dios nos dio la capacidad de decidir. Nuestras decisiones determinan el curso de nuestra vida y nuestro destino.

Piense en cómo el curso de su vida ha sido dirigido por decisiones que usted ha hecho: Fe. Universidad. Carrera profesional. Matrimonio. Hijos. Iglesia. Amistades. Una decisión simple puede cambiarlo todo.

De la misma forma, cada resolución de santidad para obedecer a Dios cambia su vida profundamente.

Una vida de oración constante se inicia con una decisión calculada y valiente. Su decisión de orar hoy puede determinar el curso de su destino

Una determinación para orar es crucial, pero la fuerza de voluntad no es suficiente. Para cultivar una vida de oración se requieren ambas cosas, nuestra determinación y la ayuda de Dios. Necesitamos Su gracia para seguir adelante con esta decisión. El Apóstol Pablo nos enseñó esto en el siguiente pasaje:

> *"Ocupaos en vuestra salvación con temor y temblor, porque Dios es el que en vosotros produce así el querer como el hacer, por su buena voluntad" (Filipenses 2:12-13)*

Un reinicio en la oración requiere trabajo de nosotros y de Dios. Mientras nosotros hacemos la tarea, Dios está trabajando. Nuestra determinación combinada con Su gracia produce cambios concretos.

Una alternativa que puede cambiar su vida está delante de usted. Decida, por la gracia de Dios, cultivar una vida de oración.

Usted no está experimentando o probando. Usted está yendo con todo. Usted está quemando los puentes de retorno y abandonando su corazón a Dios, porque usted sabe que Él le va a ayudar. Su decisión es firme.

Yo recomiendo usar una Biblia—en libro físico—durante este Reinicio, pero si la versión electrónica le ayuda, está bien. Este libro en su mayoría usa la versión Reina Valera 1960, pero escoja la versión que sea mejor para usted. Ahora abra su Biblia en el Salmo 20.

Lentamente lea cada versículo en el Salmo 20 y suavemente dígale al Señor lo que usted piensa al leer cada versículo. Luego, escriba aquí el versículo 4 o el versículo que más ha llamado su atención.

ORE. Tome un par de minutos para reflexionar en ese versículo y lo que significa para su vida. Háblele al Señor acerca de ello.

A través de este Reinicio, vamos a estar leyendo diariamente en los Salmos, los Evangelios y las Epístolas, porque me gustaría que esto se convirtiera en una práctica para su vida. El día de hoy, nosotros hemos meditado en una de las epístolas de Pablo y en un salmo. Ahora leamos de un evangelio. Observe estas palabras de Jesús.

> *"Pero sólo una cosa es necesaria; y María ha escogido la buena parte, la cual no le será quitada."* (Lucas 10:42)

¿Que escogió María? Ella decidió sentarse a los pies de Jesús y escuchar Sus palabras. Ella no se apartó por la presión que sentía de ayudar a preparar la comida para todos. Escuchar a Jesús era una oportunidad que ella no se iba a perder.

Jesús dijo "sólo una cosa es necesaria", escuchar y retener Su palabra. Cuando nosotros decidimos sentarnos frente a Él, leer Su palabra y hablar con Él, estamos de acuerdo con Él en que esto es lo más importante.

ORE. Pida al Señor que, en los siguientes 20 días, Él le dé una revelación de las Escrituras, que nada se la pueda quitar.

¿Ha decidido usted dedicarse en una forma nueva a Dios? Si es así, usted está invitado a firmar la siguiente declaración.

Mi Promesa de 20 Días para Dios

Yo declaro que por la gracia de Dios, durante los siguientes 20 días, pasaré al menos 20 minutos diarios, en el lugar secreto con Jesús.

Firma ______________________________

Fecha ______________________________

ORE. Diga sí al llamado de Jesús. Exprésele su deseo y sus intenciones. Permanezca ahí al menos 20 minutos. Pida ayuda para seguirlo a Él, como un verdadero discípulo. Usted tal vez querrá comunicar su resolución a sus amigos usando #ReinicioOracion.

¡Que su día entero sea caracterizado por una resolución santa!

NOTAS

____

____

____

____

____

____

____

Día 3

ALCANCE

Recuerde: Ayer nosotros decidimos dedicar 20 minutos diarios para orar, durante 20 días. Dígale al Señor nuevamente que usted está decidido, por Su gracia, a finalizar los 20 días.

A pesar de que su decisión es firme, posiblemente ya empezó a ser retado. ¿Ha sido usted atacado con distracciones, tentaciones o desánimo? Estos ataques son comúnmente experimentados.

Nuestro adversario se enfoca en nuestras derrotas pasadas. Él no quiere que nosotros oremos, entonces tratará de desanimarnos, recordándonos cada intento de oración que nosotros fallamos en el pasado.

¿Se ha sentido aprehensivo, preguntándose si este Reinicio podría esfumarse? Entonces, por favor lea este versículo:

"Pero una cosa hago: olvidando ciertamente lo que queda atrás, y EXTENDIÉNDOME a lo que está delante, prosigo a la meta, al premio del supremo llamamiento de Dios en Cristo Jesús" (Filipenses 3:13-14)

Para cultivar una vida de oración, *extiéndase*. Mire firme hacia el frente, ponga sus ojos en la meta de una vida de oración constante, haga una oración—con todo su corazón—*alcáncela*.

Presione el botón de borrar en cada derrota del pasado. ¿Perdió impulso en su tiempo devocional en el pasado? Presione borrar. ¿Perdió disciplina y propósito? Presione borrar ¿Algo le impidió persistentemente? Presione borrar. Decida olvidar las cosas—positivas o negativas—que han quedado atrás. Por la gracia de Dios, borre todo.

Presione Reinicio y extiéndase con toda su alma. Jesús le está ayudando a ver la clase de vida de oración que Él tiene para usted. Él le está permitiendo verla porque Él sabe que usted no se extenderá a algo que no puede ver.

ORE. Tome un par de minutos y ore en Filipenses 3:13-14 (arriba). Pida a su Padre celestial, en el nombre de Jesús, que le ayude a olvidar su pasado y seguir adelante hacia la meta de una vida de oración constante.

Pedir por misericordia, es una oración poderosa. ¿Qué es misericordia? Es la bondad de Dios para hacer que vayamos en la dirección correcta—a pesar de nosotros mismos—. Mientras nos extendemos por un nuevo impulso en la oración, la misericordia de Dios nos rodea y nos llena de poder. ¡Misericordia significa que este tiempo es nuevo!

Mientras usted alcanza misericordia, reflexione en

> *"Cuando yo decía: Mi pie resbala,*
> *Tu misericordia, oh Jehová, me sustentaba." (Salmo 94:18)*
> *"Se complace Jehová en los que le temen,*
> *Y en los que esperan en su misericordia." (Salmo 147:11)*

estos versículos:

ORE. Tome unos minutos para hablar con el Señor acerca de estos dos versículos. Si usted ha perdido el paso anteriormente, pídale misericordia. Dígale cuanto usted depende de Su auxilio.

Ahora, agradézcale por estarle permitiendo alcanzar una vida de oración que durará hasta el fin de sus días.

Vea esta invitación del Señor Jesús.

> *"Si alguno quiere venir en pos de mí, niéguese a sí mismo, tome su cruz cada día y sígame." (Lucas 9:23)*

Usted no simplemente está alcanzando un nuevo hábito de oración, usted está llegando a Jesús. Usted quiere verlo a Él, conocerle a Él, estar cerca de Él y descansar en Él. La cruz de Cristo le ha despertado y ahora usted está anhelando ser lleno con Su amor.

ORE. Diga sí a Su llamado. Dígale a Él cuánto usted desea seguirle. Háblele acerca de Lucas 9:23 hasta que sus 20 minutos se hayan cumplido.

Padre Celestial, gracias por darme un nuevo inicio en la oración. Yo le doy la espalda a todas mis derrotas del pasado y me extiendo hacia Tu llamado superior. Aumenta mi deseo de orar. Jesús, yo te estoy siguiendo a Ti y nunca miraré hacia atrás. Sólo hacia adelante. Amén.

¡Que tenga un día maravilloso mientras usted presiona borrar a todo lo que está atrás y se extiende para alcanzar más de Él!

NOTAS

Día 4
PELEE

Recuerde: Ayer nosotros dejamos atrás todo intento fallido de orar y decidimos alcanzar la vida de oración que Dios nos está llamando a tener. Una vez más, con todo su corazón, extiéndase.

Distracciones: Son probablemente los obstáculos universales más grandes para la oración. Cuando nosotros decidimos orar, parece que cada cosa en la creación colabora para llevar nuestra atención en otras direcciones.

Usted está en una guerra por su vida de oración. Por ello, le insto a que sepa que las distracciones son malignas. Decida desde ahora que cualquier cosa que le quiera quitar la atención de su tiempo de oración, es su enemigo. Declárele la guerra. Movilice una ofensiva contra cada distracción

En el Día 1, nosotros citamos el Salmo 27:4. David dijo que él deseaba una sola cosa—habitar en la presencia del Señor todos los días de su vida—. Pero yo quiero enfatizar que los versos que están antes y después de ese versículo, mencionan guerra. Acá están los versos que siguen al Salmo 27:4.

> *"Porque Él me esconderá en su tabernáculo en el día del mal; Me ocultará en lo reservado de su morada; Sobre una roca me pondrá en alto. Luego levantará mi cabeza sobre mis enemigos que me rodean, Y yo sacrificaré en su tabernáculo sacrificios de júbilo; Cantaré y entonaré alabanzas a Jehová." (Salmo 27:5-6)*

La guerra rodea a la oración porque el lugar de oración siempre será atacado. Usted tiene un enemigo *que no quiere que usted ore.*

ORE. Pídale a Dios un espíritu militante, un espíritu de guerra—una determinación en su alma—. Reciba gracia para resistir y venza todo lo que quiere obstaculizar su vida de oración.

Esta es una guerra. Pida fortaleza para pelear ⏻

Muy bien, continuamos con este asunto. Cuando Pablo habló de la batalla del cristiano en Efesios 6, él nos mandó a ponernos toda la armadura de Dios para poder resistir los engaños del diablo. Él nos dijo que nos vistiéramos con la verdad, la justicia, el apresto del evangelio de la paz y el escudo de la fe. Luego cerró el pasaje con la siguiente exhortación:

> *"Y tomad el yelmo de la salvación y la espada del Espíritu, que es la palabra de Dios; orando en todo tiempo con toda oración y súplica en el Espíritu." (Efesios 6:17-18)*

El propósito de vestirnos con toda la armadura de Dios, como dijo Pablo, es para que podamos orar. La oración asume que habrá una lucha. Para vencer en la oración, nosotros primero debemos vestirnos para la batalla.

Jesús habló de nuestra lucha con el diablo, de esta manera:

> *"Y los de junto al camino son los que oyen, y luego viene el diablo y quita de su corazón la palabra, para que no crean y se salven." (Lucas 8:12)*

Jesús nos ha llamado a orar, pero el diablo trata de usar las distracciones para robar de nosotros la vida de oración. Todos los afanes de la vida tratan de ahogarnos (vea Lucas 8:14)

¿Qué cosas le están distrayendo para que usted no ore? Tal vez son cosas como la computadora, el teléfono, las tareas diarias, una agenda ocupada, redes sociales, TV, etc. Tome un momento y escriba las cosas que más le están distrayendo de su tiempo de oración.

1. ______________ 2. ______________

3. ______________ 4. ______________

ORE. Pida a Dios por una estrategia específica para combatir esas distracciones.

Una vez que Dios le haya dado la estrategia, escríbala acá abajo. En una forma real y práctica.

Cómo pelearé yo cada distracción, por la gracia de Dios:

1. ____________________

2. ____________________

3. ____________________

4. ____________________

Personalmente, una de mis mayores distracciones durante la oración es, que yo frecuentemente pienso en una tarea que necesito hacer. Luego mi cabeza se empieza a obsesionar por esa tarea. Acá les comparto como yo he aprendido a pelear contra esa distracción: Llevo una libreta y una pluma a mi lugar secreto. Cuando yo pienso en una tarea que tengo que hacer, la escribo. Entonces yo sé que no me olvidaré de hacerla. Esa seguridad me ayuda a poner a un lado los pensamientos de distracción y retornar a la oración.

ORE. Use el resto de su tiempo para hablar con el Señor acerca de las distracciones que más lo perturban. ¡Esta es una guerra! Pida al Espíritu Santo que le ayude a pelear ferozmente por tener fidelidad en su vida de oración.

Por la gracia de Dios, nosotros vencemos. ¡Regocíjese en el Señor!

NOTAS

____

____

____

Día 5
LUGAR

Recuerde: Ayer hubo agresividad. Nosotros decidimos ir en contra de todo lo que tratara de desviar nuestro enfoque de la oración. ¿Qué está haciendo usted ahora para combatir cada distracción? Nuevamente, pídale al Señor que le ayude a ganar la guerra contra las distracciones.

Hoy, examinemos el *lugar* donde usted ora. Porque eso es muy importante para el éxito de su Reinicio de oración.

Jesús se refirió al lugar de oración privada, en la siguiente ilustración:

> *"Más tú, cuando ores, entra en tu aposento, y cerrada la puerta, ora a tu Padre que está en secreto; y tu Padre que ve en lo secreto te recompensará en público." (Mateo 6:6)*

¿El consejo de Jesús? Construya su vida de oración en la roca del lugar secreto. Encuentre un cuarto donde usted pueda apartarse de otras personas, cierre la puerta y tenga un tiempo personal con su Padre.

Jesús dio una forma garantizada para ir a la presencia del Padre. Él dijo que El Padre está en el lugar secreto y que cuando nosotros cerramos la puerta, inmediatamente estamos con Él. Intimidad instantánea. Todo lo que usted tiene que hacer para encontrarse con el Padre es cerrar la puerta.

En el caso de Jesús, Él no tenía un cuarto donde él se podía apartar de otras personas, por eso, él salía a un lugar solitario para orar (Marcos 1:35). Esa es la idea de *cierra la puerta*. Jesús quería decir que debemos encontrar un lugar donde estemos solos.

El Salmo 91 habla maravillosamente de este lugar donde nos encontramos con Dios. Escriba el Salmo 91:1 acá:

....

....

....

....

Esta relación de habitar con el Padre se inicia al retirarnos al lugar secreto de oración, pero luego nunca termina, ya que mantenemos la misma intimidad con Él durante el día. Él nos quiere revelar los secretos de cómo vivir en Su presencia todo el día.

ORACIÓN. Pida a Dios que le muestre donde debe estar el lugar secreto. Si usted no puede pensar en un lugar ahora mismo, permanezca aquí hasta que el Señor se lo indique. ¿Es un cuarto en su casa? ¿Es su carro? ¿Es afuera?

Durante estos 20 días de Reinicio, escriba en qué *lugar* específico usted ha resuelto orar.

Mi lugar secreto de oración es:

ORE. Tome un tiempo para pedir ayuda para llegar a su lugar secreto cada día.

Por cierto, su carro puede ser un gran lugar para orar. Pero no maneje durante su Reinicio. Estacionese y ore. Luego, cuando usted maneje nuevamente, siga orando.

"Orad sin cesar" (1 Tesalonicenses 5:17)

Ese pequeño versículo es uno de los que más retan en toda la Escritura. Y también es uno de los más asombrosos, porque revela que El Señor ha hecho posible una conversación constante con Él, que es tan significativa, que nunca se detiene. Lo que sucede en un Reinicio de 20 minutos, no termina cuando finalizan los 20 minutos; al contrario, enciende algo que continúa encendido por el resto de nuestro día.

Ese pequeño verso, es la aspiración más grande de cada creyente que tiene un corazón noble hacia todo lo de Dios. La meta que todos nosotros tenemos es una vida de oración incesante, vibrante, que sea una realidad 24/7.

Es muy sabio ir a su lugar de oración todos los días. Le ayuda a hacer de la oración incesante la búsqueda de toda la vida.

Señor Jesús, ayúdame a seguirte todos los días a mi lugar secreto. Y que lo que suceda ahí, le de color a todo lo que yo hago cada día.

¡Usted tendrá hoy un día fantástico, con Jesús!

NOTAS

Día 6
RELOJ

Recuerde: Ayer nosotros llegamos a un lugar donde oraremos durante estos 20 días. Usted está en ese lugar ahora mismo. Dígale al Señor que usted ha obedecido su llamado para encontrar un lugar específico para orar, su puerta está cerrada y usted ama estar aquí con Él.

El día de hoy examinemos la *hora del día* en la que usted ora. Cuando usted quiere crecer en un nuevo hábito, la constancia es el ingrediente clave. Yo recomiendo entonces si es posible, orar a la misma hora, cada día, durante esos 20 días. Esfuércese en ir al mismo lugar a la misma hora cada día. O hágalo, lo más similar que sea posible. Esto dará a su Reinicio la mejor oportunidad de echar raíces.

Cuando los escritores de los evangelios hablaban de la hora del día en la que Jesús típicamente oraba, era frecuentemente en la noche o en la mañana.

"Levantándose muy de mañana, siendo aún muy oscuro, salió y se fue a un lugar desierto, y allí oraba." (Marcos 1:35)

Muchos que enseñan sobre oración, están a favor de orar en la madrugada. Esa es una forma muy palpable de poner a Jesús como lo primero en nuestro día. Cuando nosotros damos diezmos, nosotros le estamos poniendo a Él como lo primero en nuestras finanzas; con la oración de madrugada, nosotros le estamos poniendo a Él de primero en nuestro programa.

Algunas personas son madrugadoras. Pero no todas. Por tanto, yo les motivo a que programen su tiempo de oración, no en forma automática para la *primera* hora de su día, pero estratégicamente, para la *mejor* hora de su día. Permítame explicarle.

Examine el ritmo de su reloj biológico. La mayoría de nosotros tenemos cierta hora del día en la cual tenemos más energía, estamos más enfocados y somos más creativos. ¿A qué hora del día se siente usted de lo mejor?

La hora del día en la que estoy más alerta es:

ORE. Consagre su mejor tiempo del día para el Señor. Así como todo lo demás en su vida, dígale a Él que su tiempo es de Él.

El Salmo 63 da la impresión de que David era una persona madrugadora.

> *"Dios, Dios mío eres tú; De madrugada te buscaré; Mi alma tiene sed de ti, mi carne te anhela, En tierra seca y árida donde no hay aguas." (Salmo 63:1)*

David decidió buscar al Señor *temprano*. Buscar al Señor temprano significa 3 cosas para mí: 1) Debo buscarlo temprano en mi vida, en mis años de juventud; 2) Le buscaré en las etapas tempranas de problemas y tribulaciones; y 3) Le buscaré temprano en el día.

ORE. Tome un par de minutos para orar el Salmo 63:1. Exprese al Señor cuán sediento usted está de Él. *Temprano yo* te buscaré.

Esta es la lectura de hoy, en las epístolas:

> *"Por tanto, ceñid los lomos de vuestro entendimiento, sed sobrios." (1 Pedro 1:13)*

Ceñir los lomos de su entendimiento, probablemente significa juntar la mejor energía de su mente para poder orar y servir a Dios efectivamente. Nuestra mejor energía mental frecuentemente aparece alrededor de cierta hora del día.

Escriba (nuevamente) cuál es su mejor hora del día:

....

Escriba que hace usualmente a esa hora del día:

....

Ahora viene la parte de reto. ¿Qué puede hacer usted para alinear los 20 minutos de oración de Reinicio, con esa hora del día? ¿Qué tanta batalla espiritual requiere eso de su parte? Idealmente, usted debería realizar su tiempo de oración en un lugar sin distracciones cuando usted esté de lo mejor mentalmente.

ORE. Pregunte al Señor cómo puede esto suceder. ¿Qué puede ajustar en su programa para que su lugar secreto coincida con su mejor hora del día? ¿Aunque no sea posible hacerlo a la misma hora cada día, que opción es posible, que sea lo más constante? Una vez que Él le muestre la mejor hora del día que su programa lo permita, concrete su resolución.

Yo decido por la Gracia de Dios que, en el reinicio de 20 días, pondré mi tiempo de oración a la siguiente hora del día (Por favor ponga una hora exacta)

La decisión rigurosa de orar a cierta hora el día siguiente, se hace la noche anterior. Porque lo que yo hago en la noche, determina lo que yo puedo hacer mañana. Para estar alerta en mi cita con Dios el día de mañana, me debo ir a dormir en un tiempo adecuado la noche anterior.

Pida al Señor que por su gracia le permita luchar por este tiempo de 20 minutos, *diariamente*.

¡Y esté ahí—mañana—!

NOTAS

Día 7
ARREPIÉNTASE

Recuerde: Ayer escogió una hora específica para empezar su Reinicio. Espero que ese tiempo sea *ahora*. Usted está iniciando su tiempo de oración en la mejor hora del día. ¡Maravilloso!

Cuando nosotros meditamos en la Escritura, estamos dispuestos a ser retados por el Espíritu de verdad. Él nos da convicción de pecado para que podamos arrepentirnos.

El primer llamado de Jesús a su generación fue para arrepentirse (Marcos 1:15) y todavía es lo primero que Él nos llama a hacer.

Arrepentimiento. Un terremoto interior. Es una disciplina regular y continua para cada discípulo de Cristo. Su idea básica es *cambio*. Dice no y sí. El arrepentimiento dice no a las prácticas pecaminosas que Él nos está mostrando y sí a las nuevas acciones y actitudes a las que Él nos invita.

Un compromiso de arrepentimiento quiere decir que mientras nosotros tengamos vida, estaremos necesitando cambio personal.

Frecuentemente, el arrepentimiento es una respuesta que sucede al haber visto más de Dios. Por ejemplo, Jesús una vez les dijo a Sus discípulos que fueran hacia adentro del lago y lanzaran sus redes para pescar. Ellos no pescaron nada en toda la noche, pero a la palabra de Cristo, ellos obedecieron. Inmediatamente ellos pescaron tantos peces que sus redes se empezaron a romper. La reacción de Pedro fue arrepentirse.

"Viendo esto Simón Pedro, cayó de rodillas ante Jesús, diciendo: Apártate de mí, Señor, porque soy hombre pecador." (Lucas 5:8)

Cuando presenció la gloria de Cristo, Pedro se dio cuenta de cuán pecador era. Lo mismo sucede con nosotros. Cuando Él nos revela destellos frescos de Su magnificencia, la respuesta natural es arrepentimiento.

ORE. Pídale verlo. Exprese el anhelo profundo de su corazón por una mayor revelación de las maravillas de Cristo.

Un discípulo no esconde secretos a Cristo. El hecho de que Judas Iscariote escondió de Jesús lo que se había robado, demostraba que Él no era un verdadero discípulo. Los verdaderos discípulos abren completamente las puertas de su alma para que El Salvador escudriñe.

Vea como oró David:

"Examíname, oh Dios, y conoce mi corazón" (Salmo 139:23)

David quería que Dios conociera cada lugar oscuro de su corazón. Él sabía, que no podía vencer aquello que permaneciera oculto. Cuando nosotros reconocemos nuestro pecado, la gracia inmediatamente nos da poder para alejarnos de él e ir hacia Jesús en una obediencia de amor.

ORE. Tome unos minutos para orar la maravillosa oración de David, *Escudríñame. Conóceme*. Tome la decisión de nunca esconder nada de Su Salvador. Exprese con cuántas ansias usted desea que el arrepentimiento y el cambio le acompañen siempre. Nada está fuera del alcance de Su mirada escudriñadora.

Un elemento en el arrepentimiento es la transformación de nuestras mentes:

> *"No os conforméis a este siglo, sino transformaos por medio de la renovación de vuestro entendimiento, para que comprobéis cuál sea la buena voluntad de Dios, agradable y perfecta." (Romanos 12:2)*

Nuestras mentes son renovadas cuando nosotros permitimos que la verdad de la palabra de Dios cambie nuestra manera de pensar. El mejor cambio sucede de adentro hacia afuera, iniciando primero en el corazón y luego demostrándose en acción.

ORE. Tome unos minutos para meditar en Romanos 12:2. Pídale a Él que le abra el entendimiento para ese verso.

Señor, transforma mi mente para que yo ya no piense como el mundo. Yo quiero pensar como Tú piensas. Dame tu voluntad agradable y perfecta.

¿Hay algo de lo que el Espíritu Santo le ha estado urgiendo recientemente que se arrepienta? Si es así, escriba en el espacio de abajo que es lo que Él le está retando a cambiar. O escriba un cambio reciente que Él le ha ayudado a hacer.

Mientras usted va saliendo del lugar donde oró, diga en voz baja esta oración: *Señor Jesús, mientras yo medito en Tu palabra, yo me comprometo a alejarme de todo aquello que necesite irse de mí. Ayúdame con Tu gracia para vivir una vida de arrepentimiento. Te amo Señor.*

NOTAS

Día 8
LIMPIEZA

Recuerde: Ayer decidimos vivir una vida de arrepentimiento. Nosotros invitamos a que la mirada de Jesús escudriñara cada parte de nuestro corazón. Dígale otra vez, *Conóceme, Señor.*

Después del arrepentimiento viene la limpieza. Una forma en la que los creyentes son limpiados es por medio de lo que la Escritura llama, el rociamiento de la sangre de Cristo (Hebreos 12:24; 1 Pedro 1:2). Este no es un lenguaje común en nuestra cultura, por ello déjeme explicarle, qué es lo que la biblia quiere decir.

La idea de rociamiento viene de la época del Antiguo Testamento, cuando el sumo sacerdote mojaba sus dedos y rociaba la sangre del sacrificio sobre varias cosas, tales como el altar, los sacerdotes, el pueblo y el propiciatorio. Esa práctica apunta a la cruz de Jesús. Ahora, Jesús nos rocía y lava con su propia sangre, que derramó en el Calvario (Apocalipsis 1:5).

La sangre de Jesús es el detergente más poderoso del universo. Es lo único que limpia la consciencia de una persona.

Acá está el pasaje principal del Nuevo Testamento que habla de ser rociados con la sangre de Jesús:

> *"Así que, amados hermanos, podemos entrar con confianza en el Lugar Santísimo del cielo, por causa de la sangre de Jesús… entremos directamente a la presencia de Dios con corazón sincero y con plena confianza en Él. Pues nuestra conciencia culpable ha sido rociada con la sangre de Cristo a fin de purificarnos." (Hebreos 10:19,22) (Nueva Traducción Viviente)*

Dos cosas nos acusan de pecado: nuestra conciencia y Satanás (el acusador). Donde uno se va, el otro continúa. Ambos son silenciados completamente por el rociamiento de la sangre de Cristo. La sangre de Cristo lava nuestras conciencias tan a fondo, que realmente nos sentimos limpios. ¡Sentirse limpio delante de Dios, es el mejor sentimiento del mundo!

Cuando Satanás nos acusa de pecado, la sangre de Jesucristo lo calla. Apocalipsis 12:10-11 dice que nosotros vencemos al acusador, por la sangre del Cordero. Cuando nosotros estamos cubiertos con la sangre de Cristo, el acusador es amordazado. La sangre lo calla. Esta es la gran noticia.

Usted no tiene que ser rociado con la sangre solamente una vez en la vida, así como usted no se baña solamente una vez en la vida. Usted puede ser limpiado por la sangre de Cristo, tan frecuentemente como usted sea contaminado en el mundo. Para muchos de nosotros, eso es todos los días.

ORE. Yo sugiero esta simple oración, *Jesús, rocíame con tu sangre.* Por fe, véase a usted mismo bajo la sangre de Cristo. Ahora su conciencia es limpiada. Usted dejó atrás la condenación y la acusación.

David también oró por limpieza:

> *"Purifícame con hisopo, y seré limpio; Lávame, y seré más blanco que la nieve." (Salmo 51:7)*

Una rama de hisopo era usada para poner la sangre del cordero pascual en los dinteles de las puertas de una casa (Éxodo 12:22). Hisopo, entonces, representaba la limpieza por la sangre del cordero. David estaba confiado que el lavamiento de Dios le dejaría limpio de adentro y de afuera.

ORE. Exprese su confianza en la sangre de Jesús. Agradezca a Dios por esa provisión gloriosa. Adore al cordero de Dios quien es digno de toda honra y alabanza. ¡Regocíjese en cuán limpio usted está ahora!

Tome un consejo de Jesús:

> *"Mas buscad primeramente el reino de Dios y su justicia" (Mateo 6:33)*

La justicia de Dios nos es dada cuando ponemos nuestra fe en la cruz de Cristo. ¿Por qué Jesús nos dijo que busquemos la justicia primeramente? Porque Su justicia nos hace tener confianza para entrar al trono de la gracia. Jesús nos dijo que buscáramos Su justicia, primeramente, porque Él quiere que nosotros nos acerquemos a Él en intimidad.

Decida entonces, ser limpiado diariamente con la sangre de Cristo y acercarse a Dios. Así es como nosotros buscamos la justicia de Dios y honramos el sacrificio del Calvario.

Deténgase por un minuto. Este es un momento importante en su Reinicio de oración. Usted está poniendo una marca en su historia con Dios. Usted está decidiendo ser limpiado diariamente por la sangre de Cristo que ha sido rociada. Esto significa que cada día la voz de su conciencia será satisfecha y el acusador será silenciado. Usted tendrá una gran confianza para acercarse a Dios cada día. ⏻

☐ *Al marcar este cuadro, yo certifico mi resolución de ser rociado con la sangre de Cristo cada día.*

ORE. Pida a Dios que le recuerde cada día la necesidad de ser limpiado espiritualmente. Dígale a Él que usted desea buscar Su justicia continuamente. Agradézcale por abrir un camino, a través de la cruz, para que usted pueda vivir en Su presencia cada dia, todos los días.

Usted está súper-limpio ahora mismo en la presencia de su Padre. ¡Disfrute su estancia en el cuarto del trono el dia de hoy!

NOTAS

Día 9

AGRADEZCA

Recuerde: Limpie su consciencia hoy. *Jesús, rocíame con Tu sangre.* Regocíjese de que todas las acusaciones han sido silenciadas por la sangre de Cristo y acérquese a Él con confianza.

En este Reinicio de oración, usted está experimentando gracia fresca viniendo de la presencia del Señor cada día. Y Él nos dice en Su palabra como prefiere que nos acerquemos. Acá está la mejor forma de acercarnos a Dios:

"Entrad por sus puertas con acción de gracias, Por sus atrios con alabanza; Alabadle, bendecid su nombre." (Salmo 100:4)

Al Señor le agrada cuando nosotros venimos a Su presencia con acción de gracias y alabanza. Algunas veces en nuestra angustia, venimos a Él con un llanto agonizante de un corazón quebrantado y Él no desprecia eso. Pero aun en nuestros tiempos de mayor abatimiento, nuestras primeras palabras pueden ser *gracias*.

Cuando usted entra a Su habitación, que la primera palabra sea de gratitud y alabanza. ¿Está usted tan afligido, que no puede pensar en nada por qué darle gracias a Él?

Cuando usted se encuentra por primera vez con alguien a quien no ha visto por un tiempo, usualmente su saludo es amable y cordial. "¡Que bueno verle nuevamente!" Sus primeras palabras usualmente no son "Necesitamos hablar".

Lo mismo con Dios. A Él le agrada cuando la conversación se abre con gratitud, alabanza y bendición.

ORE. Hágalo. Actúe de acuerdo con el Salmo 100:4 (arriba). Exprese gratitud por algo específico y bendiga Su nombre. Esta es una forma perfecta para empezar su tiempo diario de oración. ⏻

Alabe Su *nombre*. Cada nombre de Dios expresa algo maravilloso relacionado con la naturaleza de Su carácter y atributos. Personalmente, el lenguaje de alabanza viene más fácilmente cuando yo considero su grandeza en cuatro formas:

- ✔ Yo alabo Su nombre (Salmo 7:17)
- ✔ Yo alabo Su palabra (Salmo 56:4,10)
- ✔ Yo alabo Sus obras (Salmo 78:4)
- ✔ Yo alabo Su poder (Salmo 21:13)

ORE. Tome un minuto con cada una de esas áreas, para dar gracias y alabar. Estas cuatro cualidades de la grandeza de Dios proveen un fabuloso marco de alabanza diaria. ⏻

Jesús frecuentemente daba gracias a Su Padre. Acá hay un ejemplo:

"Entonces quitaron la piedra de donde había sido puesto el muerto. Y Jesús, alzando los ojos a lo alto, dijo: Padre, gracias te doy por haberme oído." (Juan 11:41)

Antes de que Jesús levantara a Lázaro de los muertos en Juan 11, El dio gracias. Él también dio gracias antes de partir los panes y los peces, antes de instituir la Santa Cena y antes de las comidas. Para Él, el agradecimiento era la forma de abrir una conversación.

Al dar instrucciones acerca de la oración, Pablo también habló del dar gracias, como parte central de la oración.

"Por nada estéis afanosos, sino sean conocidas vuestras peticiones delante de Dios en toda oración y ruego, con acción de gracias." (Filipenses 4:6)

El dar gracias se agrega a la oración, así como la sal se agrega a la comida. Usted puede comer comida sin sal, pero la sal hace que la comida se disfrute más. En una forma similar, Dios recibirá nuestra oración si nosotros no damos gracias, pero el agradecimiento hace que este intercambio sea más agradable para Él.

Salvación, perdón, aceptación, misericordia, gracia, bondad—Su palabra, Su nombre, Sus obras, Su poder—tenemos tanto por qué estar agradecidos.

Yo confieso mi olvido aquí. A pesar de que la mayoría del tiempo yo me siento agradecido con Dios, muchas veces yo olvido expresarlo verbalmente. El agradecimiento necesita ser expresado. Por ello este recordatorio rápido me ayuda. Yo necesito que se me recuerde el expresar mi agradecimiento y alabanza, al inicio de mi tiempo de oración.

ORE. Pídale al Señor una forma para recordar incluir acción de gracias en su oración cada día. Tan pronto como Él le revele la forma de recordar, escriba su estrategia en estas líneas.

Señor Jesús, te pido que hagas del dar gracias y de la alabanza una parte habitual de mi vida diaria de oración.

¡Mientras usted inicia ahora su día, hágalo con un corazón alegre lleno de gratitud por la multitud de Sus misericordias!

NOTAS

Día 10

#ORARLEER

Recordatorio: Venga a su presencia con acción de gracias y alabanza. Después de que usted reciba el rociamiento de la sangre, de gracias. Alabe Su nombre, palabra, obras y poder.

Hablemos acerca de orar las Escrituras. Eso es lo que yo quiero decir con la frase #OrarLeer. Orar las escrituras es un pilar central en la vida de oración.

Usted ya habrá notado que nosotros hemos estado orando las Escrituras cada día, durante este Reinicio. Ahora profundicemos en esto, para maximizar su potencial.

Jesús dio el modelo de esta clase de oración durante Su crucifixión. De Sus siete expresiones en la cruz, tres fueron tomadas de los Salmos. Por ejemplo, durante Su crucifixión Jesús oró versos del Salmo 22:1.

"Y a la hora novena Jesús clamó a gran voz, diciendo: Eloi, Eloi, ¿lama sabactani? que traducido es: Dios mío, Dios mío, ¿por qué me has desamparado?" (Marcos 15:34)

Entonces, cuando usted ora la Escritura, usted está siguiendo el ejemplo del Maestro.

Vea la Biblia como la fuente de lenguaje para la oración. Muchos versos son excelentes plataformas de lanzamiento para la conversación con Dios.

Algunos de los pasajes más fáciles para #OrarLeer son las diferentes oraciones en la Biblia. Los apóstoles escribieron muchas oraciones en sus cartas y ellas son excelente material para #OrarLeyendo. Por ejemplo, esta oración de Pablo es muy acertada para usarse:

> *"Por lo cual también nosotros, desde el día que lo oímos, no cesamos de orar por vosotros, y de pedir que seáis llenos del conocimiento de su voluntad en toda sabiduría e inteligencia espiritual, para que andéis como es digno del Señor, agradándole en todo, llevando fruto en toda buena obra, y creciendo en el conocimiento de Dios; fortalecidos con todo poder, conforme a la potencia de su gloria, para toda paciencia y longanimidad." (Colosenses 1:9-11)*

ORE. Usemos el resto de nuestro tiempo hoy, para orar en base a este pasaje. Primero, pida a Dios que trabaje en su corazón y en su vida todo lo que está escrito en estos versículos. Mencione situaciones específicas en las cuales usted quiera Su voluntad.

Segundo, piense en alguien a quien usted desearía bendecir en oración el día de hoy. ¿Ya tiene un nombre? Ahora, empiece a orar por esa persona de acuerdo con cada frase mencionada arriba.

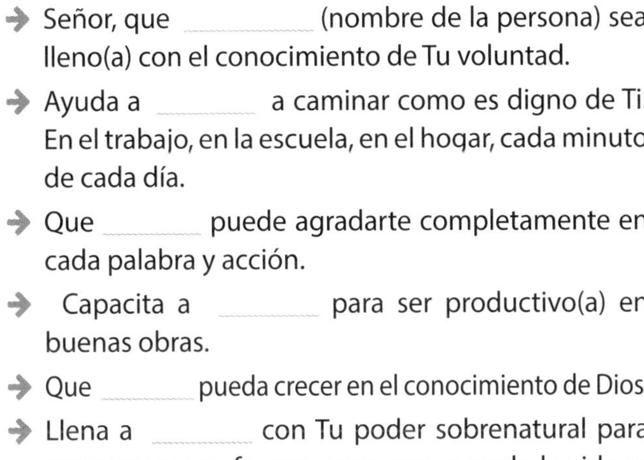

- Señor, que ________ (nombre de la persona) sea lleno(a) con el conocimiento de Tu voluntad.
- Ayuda a ________ a caminar como es digno de Ti. En el trabajo, en la escuela, en el hogar, cada minuto de cada día.
- Que ________ puede agradarte completamente en cada palabra y acción.
- Capacita a ________ para ser productivo(a) en buenas obras.
- Que ________ pueda crecer en el conocimiento de Dios.
- Llena a ________ con Tu poder sobrenatural para permanecer en fe, con gozo, aun cuando la vida se torne dolorosa.

Si usted sabe de ciertas necesidades en la vida de esa persona, menciónelas mientras ora.

Cuando usted haya terminado de orar Colosenses 1:9-11 por esa persona, ¿le gustaría hacer la misma oración por otras personas de su círculo de amigos? Este es un pasaje poderoso para orar, por casi toda persona que usted conozca.

Usted puede hacer la oración de este pasaje por el presidente de su nación, por los líderes políticos y civiles y por otros oficiales que son importantes para usted. La Biblia es una plataforma de versículos maravillosos para orar sobre los líderes de su nación. Cuando usted ora en base a la Escritura, usted simplemente le está diciendo a Dios lo que Él dice que le diga.

Si el tiempo lo permite, ore las 6 peticiones de Colosenses 1:9-11 por algunas otras personas a quienes usted ama.

Otra forma maravillosa de #OrarLeer las Escrituras es durante su tiempo de lectura diaria de la Biblia. Mientras lee, esté atento a alguna frase que le inspirará para orar en el momento. Mientras usted lo hace, su lectura bíblica se transformará en una exquisita conversación con Jesús.

Entre más usted #OraLee las escrituras, usted más disfrutará de los siguientes beneficios:

- #OrarLeyendo mata el aburrimiento, durante su tiempo en el lugar secreto usted se involucrará más y tendrá más energía.
- La lectura de la Biblia se vuelve más relacional—una conversación interactiva con Jesús—.
- Nunca se le agotaran las cosas que va a decir porque las Escrituras proveen infinidad de posibilidades para orar.
- Usted orará con una autoridad mayor.
- Sus oraciones estarán de acuerdo con la voluntad de Dios.
- Su entendimiento de la palabra de Dios se abrirá.
- Su corazón entero se alineará con la verdad y la justicia.

¿Mientras usted sale ahora de su lugar de oración, le gustaría llevar la Biblia con usted y orar otra Escritura, mientras usted se pone en camino?

NOTAS

Día 11
SALMOS

Recuerde: Nosotros usamos ayer una de las oraciones de Pablo, como nuestra plataforma de despegue para practicar como #OrarLeer las Escrituras. Continuemos trabajando el mismo músculo hoy, en esta hora, orando en nuestra lectura de los Salmos.

Usted ha llegado a la mitad de este Reinicio—¡fabuloso!—. Renovemos nuestro compromiso y completemos los 20 días!

Millones de creyentes tienen una práctica de orar diariamente del libro de los Salmos—debido a que es profundamente significativo—nutre poderosamente y ayuda en forma increíble. Espero que usted también se enamore de este libro.

El libro de Salmos es el libro de oración y cantos en la Biblia. Este libro provee inagotables tesoros escondidos para los creyentes, que se deleitan en cantar y orar usando la Escritura.

Los salmos que David escribió fueron llamados, "Las oraciones de David" (Salmo 72:20). Cuando usted está meditando en un salmo, usted está sumergiendo su alma en una oración inspirada por el Espíritu. Escuche cuidadosamente: Su vida de oración será completa, tan solo si incluye un compromiso constante con el libro de los Salmos.

Personalmente, Salmos es el primer libro de la Biblia que yo abro diariamente. Yo #OroLeo ahí diariamente. Mi ritmo es lento porque yo no estoy tratando de romper ningún récord de velocidad. Algunos salmos los finalizo en un día; en otros, el recorrido toma varios días. El resultado final es que yo típicamente completo los 150 salmos aproximadamente una vez al año.

No importa si a usted le toma 3 meses o 3 años llegar a completarlo, solo disfrute el trayecto.

Para hoy, #OremosLeamos la primera parte del Salmo 1.

> *"Bienaventurado el varón que no anduvo en consejo de malos, Ni estuvo en camino de pecadores, Ni en silla de escarnecedores se ha sentado." (Salmo 1:1)*

ORE las tres frases de ese verso.

- Exprese a Dios su compromiso de renunciar a los valores y al consejo de gente que no conoce a Dios.
- Dígale a Dios que usted no quiere estar o residir en un lugar donde los pecadores hacen lo suyo. Pida sabiduría para apartarse de esos lugares.
- Pida al Señor que lo guarde de burlarse, con los arrogantes, de las cosas que son santas y preciosas. Rechace un espíritu cínico.

"Sino que en la ley de Jehová está su delicia, Y en su ley medita de día y de noche." (Salmo 1:2)

ORE las dos frases de este verso.

- Dígale al Señor cuánto usted se deleita en Su Palabra. Lejos de ser una carga, Sus mandamientos le son una delicia.
- Pídale al Señor que ensanche su vida de oración hasta que usted medite en Su Palabra, día y noche. Exprésele con cuantas ansias usted anhela lograr esto. Ruegue a Él que aumente su apetito por Su palabra.

"Será como árbol plantado junto a corrientes de aguas, Que da su fruto en su tiempo, Y su hoja no cae; Y todo lo que hace, prosperará." (Salmo 1:3)

ORE las cuatro frases de este verso.

- Ya que Él le ha plantado junto al río del Espíritu, aproveche ahora Su poder que da vida.
- Pídale a Él que le haga un creyente fructífero. Crea en épocas donde particularmente fructificará.
- Una hoja marchita habla de sequía. Aun en tiempos de sequía que marchitan, pida una conexión con Su Espíritu, que siempre le mantenga renovado y vibrante.
- Mientras usted se consagra a la justicia, pídale a El que le prospere en cada área—espiritualmente,

> financieramente, mentalmente, emocionalmente, físicamente y en sus relaciones—tome ese verso como una promesa personal y sosténgase en él, en fe.

Si todavía tiene tiempo, continúe orando de esta manera a través de cada verso del Salmo 1.

Ahora, yo le invito a que usted escriba el verso de Salmo 1 (o cualquier otro salmo) que ha impactado más su vida, el día de hoy:

Mientras usted inicia su caminar, tome este verso con usted y #OreLealo a Dios. Quiere publicar algo sobre #ReinicioOracion? ¡Que tenga un buen día!

NOTAS

Día 12
ESCUCHE

Recuerde: Por los últimos dos días, nosotros hemos orado la Escritura mientras la leemos. Mientras más ejercitamos el músculo de #OrarLeer, ganamos más entendimiento y nuestro tiempo con Dios será más significativo.

El Señor me mostró en una ocasión, lo que yo creo, es la verdad más importante en la Biblia. Una palabra de Cristo me seguía golpeando ya que Él la repetía constantemente. Usted la descubrirá en estos versos.

"Lo que os digo en tinieblas, decidlo en la luz; y lo que oís al oído, proclamadlo desde las azoteas" (Mateo 10:27)

"El que tiene oídos para oír, oiga" (Mateo 11:15)

"¿Teniendo ojos no veis, y teniendo oídos no oís? ¿Y no recordáis?" (Marcos 8:18)

Oír. Ahí estaba esa palabra. Una y otra vez. Fue la primera palabra en Su conocida parábola del sembrador

(Mateo 13). Esa parábola reveló que la forma en que nosotros *oímos* la palabra determina el fruto que ella produce en nuestras vidas.

Todo en el reino de Dios está basado en el oír. Si oímos del cielo, las puertas del reino se abren. Todo cambia cuando escuchamos de Dios y actuamos en base a Su palabra.

Esta es la razón por la que cuando venimos al lugar secreto, venimos primeramente a escuchar. Sí, es tiempo de hablar con Dios; pero más que eso, es tiempo de escuchar a Dios.

Las cosas no cambian cuando yo le hablo a Dios, las cosas cambian cuando Dios me habla a mí. Cuando yo hablo, nada pasa. Cuando Dios me habla, el universo cobra vida. Entonces, en nuestra vida de oración, nosotros debemos ser lentos para hablar y rápidos para escuchar.

Yo no le puedo indicar a Dios que decir o cuando decirlo. Pero yo puedo ponerme en la posición, de que cuando Él hable, yo estoy listo para escuchar y responder.

Nosotros pasamos tiempo en la palabra para poder escuchar de Dios. Alguien podría decir "Pero yo nunca escucho a Dios" Si le pasa eso, yo le diré por qué. Porque usted no está viviendo en Su Palabra. Aquí se lo digo.

ORE. Dígale al Señor que usted está recibiendo esta exhortación. Exprésele su deseo por escuchar Su voz. ⏻

Nosotros vemos la importancia de escuchar, en el Salmo Psalm 95.

"Si ustedes oyen hoy Su voz, no endurezcan el corazón, como en Meribá, como aquel día en Masá, en el desierto." (Salmo 95:7-8) (Nueva Versión Internacional)

Por causa de la dureza del corazón, los Israelitas no creyeron ni obedecieron a Dios. ¿Qué tan importante es este verso? Bien, el escritor de hebreos lo cita seis veces. Es un buen verso para hablarlo con Dios.

ORE. Pídale a Dios por un corazón suave—un corazón que responda en fe y obediencia—cada vez que Él habla. Pídale gracia para aprender del ejemplo de los israelitas que tuvieron un corazón duro en el desierto. *Jesús, yo digo sí, a toda palabra de Tu boca.*

Pablo pronunció la frase tan conocida que la fe viene por el oír. (Romanos 10:17). La fe escucha. Eso es lo que Pablo enfatizó en este versículo:

> *"Aquel, pues, que os suministra el Espíritu, y hace maravillas entre vosotros, ¿lo hace por las obras de la ley, o por el oír con fe?" (Gálatas 3:5)*

Tome unos momentos para reflexionar en las implicaciones de este verso.

- Cuando la fe oye la palabra, la provisión del Espíritu se abre para nosotros.
- Cuando la fe oye la palabra, milagros son hechos entre nosotros.

ORE. Pida por una fe que realmente escuche la voz de Dios e imparta la vida de Dios a otros.

Nosotros deseamos cultivar la disciplina de escuchar mientras leemos la palabra. Nosotros no leemos solo para decir, "Ya completé la lectura bíblica que tengo que hacer cada día". Nosotros leemos, para *escuchar*.

Escuchar de Dios frecuentemente ocurre en forma sencilla:

- Ponga la palabra de Dios frente a usted.
- Hable a Dios internamente mientras usted lee, así cambiará su tiempo de lectura en una conversación interactiva.
- Tome tiempo para meditar en cualquier versículo que Él Espíritu le muestre. Haga preguntas acerca de ese versículo. Mientras usted pregunta que quiere decir el versículo, también pregunte que no quiere decir el versículo. ¿Vienen otras escrituras a su mente que le dan una iluminación única a ese versículo?

Mientras usted toma tiempo para ir a las profundidades de la Escritura, usted está en la posición de escuchar a Dios.

Termine su tiempo de reinicio hoy, expresando cuán ansioso está usted por escuchar Su voz. Exprese suavemente su amor por Jesús.

NOTAS

Día 13

DIARIO

Recuerde: *Escuchar*. Esa fue la palabra lema de ayer. En su lectura de hoy, atrévase y escuche la voz del Espíritu. Haga del escuchar atentamente, una práctica permanente de su vida de oración.

Mientras usted #OraLee la Palabra, el Espíritu Santo algunas veces le abrirá una Escritura, para poder entenderla mejor. Esas revelaciones son increíblemente valiosas, vale la pena que las escriba. A eso se le llama *llevar un diario*. La evidencia sugiere que Pablo llevaba un diario:

"Trae, cuando vengas, el capote que dejé en Troas en casa de Carpo, y los libros, mayormente los pergaminos." (2 Timoteo 4:13)

En los días de Pablo, *los pergaminos* eran equivalentes a las libretas de hoy en día. Parece que Pablo, mientras leía las Escrituras, escribía las revelaciones inspiradas por el Espíritu en pedazos de pergaminos. Esas meditaciones, eran tan preciosas para él, que cuando le pidió a Timoteo que le trajera sus pertenencias, él enfatizó su deseo de recuperar sus libros, su colección de pergaminos.

El hombre más dedicado a la búsqueda de Dios, de todos los tiempos, llevó un diario. El salmista estaba determinado a no olvidar los preceptos del Señor (Salmo 119:93). Llevar un diario probablemente le ayudó. Escriba el Salmo 119:93 aquí:

ORE. Háblele al Señor sobre este verso. Dígale que usted comparte la determinación del salmista.

Yo mantengo un diario de revelaciones y verdades bíblicas porque es un principio enseñado por Jesús.

> *"Mirad, pues, cómo oís; porque a todo el que tiene, se le dará; y a todo el que no tiene, aun lo que piensa tener se le quitará." (Lucas 8:18)*

La palabra que se enfatiza es *como*. ¿Cómo debemos escuchar? Debemos escuchar de manera que podamos guardar lo que hemos recibido. Jesús dijo "más se le dará" a aquellos que retienen lo que se le ha dado. Si nosotros hacemos de la palabra que Él nos habla, una crónica permanente de nuestra historia con Él, entonces nos dará más.

Personalmente, yo tengo una pésima memoria. Si no escribo las revelaciones que Dios me da, las olvido. Entonces, yo las escribo y las reviso más tarde. Más que todo, quiero retener las cosas que Dios me da. ¿Por qué? *Porque yo quiero más.*

Yo veo en el futbol americano una analogía de lo que Jesús quiso decir. Suponga que el receptor atrapa la pelota, pero luego la bota. El lanzador se molesta. Si el receptor bota un segundo pase, el lanzador estará decepcionado. Si el receptor bota una tercera pelota, el lanzador no le lanzará más pelotas. Acá está el principio: Para que le tiren la pelota, el receptor debe tener una trayectoria confiable, de atrapar y retener pelotas.

Esta misma verdad se aplica en el reino. Si nosotros queremos que Dios nos continúe hablando de Su palabra, nosotros debemos retener lo que Él nos da. Ahí es donde el diario tiene su función. Es la forma de retener aquellas cosas que Dios nos habla, de Su Palabra, para que nosotros podamos recibir más.

¿Cuál es la forma más práctica de hacer esto? Cuando usted lee un verso que repentinamente significa algo especial para usted, escriba las dos cosas, el versículo y la verdad recibida. Cuando usted pueda, ingrese esas notas a su computadora o libreta. Incluya la fecha y el versículo completo.

Luego, desarrolle un sistema para revisar lo que ha ingresado—para retener se requiere revisar—. La retención es una práctica rigurosa, pero nosotros lo hacemos por una simple razón, Queremos más. Y nosotros sabemos que Él dará más, cuando nosotros hacemos el esfuerzo de retener lo que ya hemos recibido.

ORE. Pídale ayuda para desarrollar una forma de

retener todo lo que Él le da en Su Palabra. Dígale a Él cuán desesperado está usted por más.

Decida hoy cómo usted estará anotando en su diario, las verdades que Dios le da. Tomará tiempo el perfeccionar su sistema, pero al menos empiece. Para empezar, escriba sus respuestas a las siguientes preguntas:

1. ¿Qué tipo de libreta traeré a mi tiempo de oración?

   ____

2. ¿Será mi diario permanente de papel, o será un folder en la computadora?

   ____

3. ¿Cuáles son las formas prácticas en las que puedo revisar mi diario, para no olvidar las cosas que Dios me ha hablado?

   ____

   ____

A pesar de que toma tiempo, el llevar un diario es poner estratégicamente los elementos esenciales que, al estar en su lugar, le ayudaran a desarrollar una vida de oración fuerte y consistente. Usted está preparándose para *más*.

¡Que tenga un día maravilloso, en Cristo!

NOTAS

____

____

____

Día 14

OBEDEZCA

Recuerde: Anote todo lo que Dios le muestre en el lugar secreto y póngalo en su diario, para revisarlo periódicamente. ¿Por qué es esto importante? Porque cuando nosotros retenemos lo que Dios nos da, Él nos da más.

El enfoque de hoy es obediencia. Empecemos con esta enorme pregunta de nuestro Maestro:

"¿Por qué me llamáis, Señor, Señor, y no hacéis lo que yo digo?" (Lucas 6:46)

ORE. Tome unos momentos para estremecerse ante el peso de esa pregunta. Dígale, *Tú eres mi Dios.*

Discipulado significa obediencia—entendiéndose, obediencia inmediata—. Los discípulos de Cristo están ansiosos por obedecer cada palabra que sale de Su boca. Nosotros no examinamos la palabra para ver si es posible hacerla o no. Nosotros solo decimos *si* al Rey. "Lo tomo todo." *Sí, Señor.*

Obediencia no es la "parte negativa" o "la parte obligatoria" de la vida cristiana. En realidad, es la parte de nuestra fe que nos da libertad. Transforma nuestro caminar con El en una experiencia llena de gozo, de luz y de vida para otros.

> *"Pero sed hacedores de la palabra, y no tan solamente oidores, engañándoos a vosotros mismos." (Santiago 1:22)*

Mencionamos anteriormente que todo en el reino es basado en el escuchar, pero el escuchar tiene su cumplimiento cuando actuamos. Obras de fe. Santiago dice que, si no obedecemos, nos engañamos a nosotros mismos.

Una vida de oración que escucha y habla, pero no hace, es una vida aburrida y sin sentido. La vida cristiana llena de gozo se descubre solamente en los terrenos de la obediencia.

Cuando nosotros hacemos lo que hemos escuchado en el lugar secreto, la vida se convierte en una aventura de amor con nuestro amado Novio.

El Salmo 118, le da una imagen maravillosa a la gloria de la obediencia:

> *"Jehová es Dios y nos ha dado luz; Atad víctimas con cuerdas a los cuernos del altar" (Salmo 118:27).*

En este verso, el salmista asemeja nuestra rendición a la forma en que un toro sacrificial estaría atado al altar, como una ofrenda a Dios. Esta es la razón. Cuando Dios da un mandamiento, viene con luz y entendimiento. En una respuesta llena de gozo, nosotros ofrecemos nuestro corazón en obediencia total, atando nuestra alma fuertemente al altar de la consagración. Este verso representa una ardiente sumisión a la voluntad de Dios, porque hemos entendido la sabiduría de Sus mandamientos.

Sin entendimiento e iluminación, el camino a la obediencia puede parecer algunas veces duro o perjudicial. Pero cuando la luz y el entendimiento iluminan nuestros corazones, nos damos cuenta de que la obediencia es nuestro refugio más seguro. Cuando Jesús nos llama, nosotros estamos más seguros en la tormenta con Él que en la barca sin Él. (Mateo 14:25-32).

Cuando Dios le llama a hacer algo, que usted no puede hacer, usted está siendo sumergido en una aventura. Sálgase de la barca y entre al agua. Una obediencia sin reservas siempre supera una desobediencia auto-protectora.

Le ha llamado Dios alguna vez, para hacer algo que no tenía sentido. ¿Parecía que la obediencia le llevaría al fracaso? ¿Cuándo usted escogió obediencia, se sorprendió de como el camino se abrió frente a usted?

La oración sin obediencia es aburrida. ¿Quién la quiere? Por ello, ya que usted ha decidido reiniciar su vida de oración, también reinicie su determinación de obedecer.

¿Hay alguna área en su vida en la que usted tiene dificultad para obedecer a Cristo? Si la tiene, escríbala con toda sinceridad aquí:

ORE.

- ✦ Pida al Señor que Su amor ilimitado, deshaga de su corazón toda área de resistencia a Su maravillosa voluntad.
- ✦ Exprese confianza en Su dirección sobre su vida.
- ✦ Dígale al Señor que usted sabe que Su mandamiento es vida eterna (Juan 12:50)
- ✦ Exprese su determinación de obedecerle, aun hasta la muerte.
- ✦ Pida al Señor que haga de la obediencia una roca firme en sus cimientos, para que su vida de oración sea inquebrantable.

¡La obediencia hará del día de hoy, un deleite!

NOTAS

Día 15
AME

Recuerde: Ayer nosotros renovamos nuestra determinación de obedecer. Nosotros seguimos cada palabra de nuestro Salvador, porque sabemos que la obediencia transforma la oración en una aventura emocionante.

La oración se trata completamente de amor. Reduzca la oración a su esencia fundamental y usted quedara sólo con amor. Un Reinicio de oración es un volver a nuestro primer amor (Apocalipsis 2:4)

La escritura describe a Jesús como nuestro Novio celestial y a nosotros como Su novia. Es lenguaje de amor y es expresado en forma hermosa en el Salmo 45.

"Oye, hija, y mira, e inclina tu oído; Olvida tu pueblo, y la casa de tu padre; Y deseará el rey tu hermosura; E inclínate a él, porque él es tu señor." (Salmo 45:10-11)

Claramente, el amor que fluye entre el Rey y Su novia es *romántico*. El único elemento que distingue el amor romántico de otras clases de amor es el elemento del *deseo*. En el romance, hay un deseo fuerte de estar juntos. Parece que no nos saciamos el uno del otro.

ORE. Exprese su deseo por su Novio, el Señor Jesús. Dígale cuanto usted desea estar con Él y verle a Él. Ruéguele que regrese. Deje que el amor fluya. Su Espíritu le capacitará para que usted le ame a Él de vuelta, con la misma dimensión de amor divino, con la que Él le ama a usted, porque se necesita a Dios para amar a Dios .

El lugar secreto es un vientre. Es donde el amor es alimentado y crece. Sí, el amor crece. Cuando se trata del amor, nadie es un experto; todos necesitamos crecer en nuestra capacidad para recibir y para expresar Su amor. Nosotros siempre estaremos buscando formas de dar más de nuestros corazones. Así como el fuego nunca se satisface (Proverbios 36:16), las pasiones ardientes del amor divino siempre buscan mayor entrega. Más amor, siempre más. ⏻

Vea como Jesús describió el amor que compartimos:

> *"Como el Padre me ha amado, así también yo os he amado; permaneced en mi amor…Este es mi mandamiento: Que os améis unos a otros, como yo os he amado." (Juan 15:9,12)*

Jesús dijo que Él nos ama a nosotros, así como el Padre le ama a Él. ¡Qué amor tan maravilloso debe ser ese! Luego Él dijo que nosotros debemos amarnos los unos a los otros con el mismo amor. Entonces el amor que fluye entre el Padre y el Hijo es el modelo del amor que fluye entre nosotros y Cristo y luego entre nosotros y otras personas.

Nosotros pensábamos que era suficiente amar a nuestro prójimo como a nosotros mismos (Mateo 19:19), pero Jesús subió el estándar, Él dijo que debemos amar a nuestro prójimo de la misma manera que el Padre ama al Hijo.

¿Cómo podemos amar de esa forma? Se consigue solo yendo al vientre del lugar secreto y ahí recibiendo de Su poder para amar.

ORE. Inicie una búsqueda para explorar lo que Él quiso decir con "Permaneced en Mi amor" (Juan 15:9)

Considere el amor maravilloso descrito en Romanos:

> *"Por lo cual estoy seguro de que ni la muerte, ni la vida, ni ángeles, ni principados, ni potestades, ni lo presente, ni lo por venir, ni lo alto, ni lo profundo, ni ninguna otra cosa creada nos podrá separar del amor de Dios, que es en Cristo Jesús Señor nuestro. Verdad digo en Cristo, no miento, y mi conciencia me da testimonio en el Espíritu Santo, que tengo gran tristeza y continuo dolor en mi corazón. Porque deseara yo mismo ser anatema, separado de Cristo, por amor a mis hermanos, los que son mis parientes según la carne." (Romanos 8:38-9:3)*

Pablo concluyó Romanos 8, describiendo el "Monte Everest" de todos los amores—el amor de Dios del cual *nada* nos puede separa—.

Luego, en el verso que sigue inmediatamente (el espacio entre capítulos es una separación artificial), Pablo describe lo que es el amor más alto por nuestros semejantes. Él tenía tal amor que venía de Dios, por sus compañeros judíos, que él estaba dispuesto a entregar, no solamente *su vida terrena*l sino hasta *su vida eterna* por ellos. Él pudo desear haber sido condenado eternamente y estar separado de Cristo, si eso significaba la salvación de sus compañeros judíos a quienes él amaba.

El amor de Dios que vemos en Romanos 8, le dio a él, el amor hacia los de su pueblo, del que habla en Romanos 9.

ORE: Oh Dios, lléname con este amor. Dame la dimensión del amor del que se habla en Romanos 8. Quisiera que este amor llene mi corazón y que yo pueda obtener el amor que Pablo tuvo en Romanos 9, para la gente que me rodea. ¡Dame ese amor!

Quiera que su vida de oración siempre descanse firmemente en las bases del amor.

Mientras usted sale de su lugar secreto, busque alimentar la llama de este amor durante todo el día. ¡Hágalo todo por amor!

NOTAS

Día 16

AYUNE

Recuerde: Ayer todo fue acerca del amor. Estamos regresando a nuestro primer amor. El resultado final en este Reinicio es el avivamiento de nuestro amor por el Señor Jesús y por el prójimo en todo lugar.

El día de hoy veamos el regalo de gracia del ayuno. Jesús nos lo dio, al menos por dos razones principales: Nos permite intensificar nuestra búsqueda de justicia y sensibiliza nuestros corazones para recibir más de Dios.

Jesús enseñó que el ayuno es una parte secreta de nuestra vida de oración.

"Entonces Cornelio dijo: Hace cuatro días que a esta hora yo estaba en ayunas; y a la hora novena, mientras oraba en mi casa, vi que se puso delante de mí un varón con vestido resplandeciente." (Hechos 10:30)

Jesús dijo, *Cuando ayunes*. El parecía asumir que sería una realidad, lo que significa que el ayuno es una normativa para la vida de oración del discípulo. El enfatizó, que quiere que practiquemos el ayuno en privado. Nosotros no lo hacemos para mostrarle a otros cuan consagrados somos, sino para expresarle a Jesús cuanto le deseamos. Es solamente para Sus ojos.

El ayuno no es fácil. Es un reto para el apetito, el cuerpo y el alma. Requiere un esfuerzo santo. Por ello, permítame mostrarle la parte vital que el ayuno tuvo en la vida de un hombre llamado Cornelio.

> *"Entonces Cornelio dijo: Hace cuatro días que a esta hora yo estaba en ayunas; y a la hora novena, mientras oraba en mi casa, vi que se puso delante de mí un varón con vestido resplandeciente." (Hechos 10:30)*

Cornelio era un capitán del ejército romano y un gentil (entonces, no era un judío). Dios escogió su casa para convertir a los primeros gentiles cristianos. A través de Cornelio, la puerta del evangelio se abrió para todo el mundo. (La historia está en Hechos 10—es una lectura fascinante—.)

¿Por qué Dios escogió a Cornelio para provocar una dispersión global del evangelio? Parece que encontramos la respuesta en estas cuatro cualidades de su vida: El temía a Dios (Hechos 10:2), el oraba (Hechos 10:2), el ayunaba (Hechos 10:30) y él daba limosnas a los pobres (Hechos 10:2). Dios envió la piedad representada en esas cuatro cualidades, a cada nación de la tierra.

El ayuno ayudó a colocar a Cornelio en una posición, para que participara en una transición histórica que el cielo estaba trayendo a la tierra—la inclusión de los gentiles en la familia de Dios—.

ORE: Pídale a Dios que reproduzca en usted estas mismas 4 cualidades: temor de Dios, oración, ayuno y el ser dadivoso. ⏻

David escribió acerca del ayuno:

> *"… humillé mi alma con ayuno…" (Salmo 35:13) (La Biblia de las Américas)*

El ayuno es una forma bíblica de humillarnos. Nosotros ayunamos porque creemos a Su promesa, que Él da mayor gracia a los humildes (1 Pedro 5:5). ⏻

Hay muchas formas "ligeras" de ayunar—como ayunar redes sociales o ayunar azúcar—. A pesar de que es "difícil", considere un ayuno de agua (o lo más cerca de un ayuno de agua, siempre que su médico apruebe). *Hágalo.*

Tenga la libertad de empezar poco a poco. Tal vez inicie ayunando la cena y la siguiente vez, haga más. ¿Quiere una sugerencia? Pruebe algo como esto:

- Ayune por 24 horas.
- Si es posible, beba agua solamente (consulte a su doctor).
- Planifíquelo para un día en que su agenda le permita más tiempo para orar.

ORE. ¿Quiere planificar un ayuno? Entonces escriba las respuestas que el Señor pareciera darle, en las siguientes preguntas:

1. ¿Por cuánto tiempo debo planificar ayunar?
2. ¿Qué tipo de ayuno debe ser? ¿Agua solamente? ¿Jugo solamente? ¿Qué otra cosa puedo ayunar? redes sociales, etc.
3. ¿En qué fecha haré este ayuno?
4. ¿De qué responsabilidades puedo librarme ese día, para poder dedicarme más de lleno a la oración?
5. ¿Pasaré la mayor parte del día a solas?
6. ¿Quiero invitar a alguien más a que ayune conmigo? ¿Si ese es el plan, a quién?
7. ¿Qué le pediré a Dios, al entrar en este ayuno?

Cuando termine, escriba sus experiencias en el diario. ¿Qué funcionó bien para usted y que necesita cambiar para la próxima vez? ¿Cuál fue el mayor beneficio que obtuvo?

Mientras usted lo hace, pídale al Señor gracia para ayunar.

NOTAS

Día 17

LISTA

Recuerde: El ayuno puede sensibilizar su corazón para recibir más en la oración. ¿Está listo para alcanzar esto? ¿Ha planificado un ayuno en su calendario? ¡Que Dios le bendiga!

Ahora hablemos de usar una *lista de oración*, esto es una lista que nosotros hacemos, de aquellas cosas por las cuales queremos orar cada día.

Algunos creyentes encuentran más fuerza en su vida de oración cuando usan una lista. ¿Por qué? Porque les puede dar enfoque, hace su tiempo de oración más productivo y les ayuda a identificar las oraciones que han sido contestadas. Cuando usted ve como Dios está respondiendo, su confianza en la oración crece rápidamente.

Durante los siguientes meses, yo recomiendo que usted use una lista para ayudarle a encender su vida de oración. Pruébela por un año y vea si eso es para usted.

Una lista no le limita, más bien le da poder. Nos ayuda a poner prioridades en nuestra fuente de oración, especialmente cuando nuestra mente no está clara o va en diferentes direcciones. No usamos la lista como si estamos obligados a finalizarla cada día, sino que la lista nos sirve como una herramienta para hacer más efectivo nuestro tiempo de oración. Nosotros siempre tenemos la libertad de tomar otra dirección, si nuestro corazón lo desea.

La oración tiene muchas expresiones, como lo indica Pablo:

> *"…orando en todo tiempo con toda oración y súplica en el Espíritu, y velando en ello con toda perseverancia y súplica por todos los santos…" (Efesios 6:18)*

La idea detrás de toda oración es todos *los tipos de oración.* Hay muchas formas de orar, incluyendo súplica (petición), acción de gracias, alabanza, intercesión, adoración, meditación, etc. Una lista de oración bien diseñada incluirá todas estas clases de oración.

¿Le gustaría a usted crear su propia lista de peticiones de oración en este momento? Si así lo desea, tome una libreta y permítame ofrecerle algunas sugerencias.

Usted tal vez quisiera ponerle un título como, *Mi Lista de Peticiones. Divídala en tres categorías:* Personales, Otras Personas, Circunstancias.

- **Personales:** Jesús oró por Él mismo (Juan 17:1-5), y usted también puede hacerlo. Especifique las diferentes formas en las que usted quiere orar por usted mismo. Por ejemplo, su lista podría incluir algunos de los siguientes elementos: su salud espiritual, salud física, alma, mente, profesión, finanzas, propósito en la vida, función ministerial, rol familiar, etc.

- **Otras personas:** Ore por las personas por nombre o título: Primero, considere hacer una lista de personas en diferentes categorías, como familia, amigos, líderes de la iglesia, oficiales del gobierno, policía, personal militar, presos, los enfermos, los pobres, misioneros, etc. Segundo, considere tener 3 personas en su lista (que se vayan rotando) a quienes usted lleve diariamente delante del Señor.
- **Circunstancias:** Ore por situaciones que necesitan la intervención del Señor. Ponga en la lista las diferentes clases de circunstancias que usted quiere tener en su radar, por ejemplo, su ciudad, Jerusalén, naciones, iglesias, ministerios, denominaciones, noticias, huérfanos, guerras, terrorismo, cristianos perseguidos, tráfico humano, racismo, etc.

Siempre lleve la lista a su lugar secreto. Imprímala o escríbala de tal manera que sea fácil de llevar, usar y actualizar. Espere estar regularmente agregando y quitando nombres y necesidades específicas[1]

Una forma de orar en toda su lista podría ser orar por un "verso del día" sobre cada una de las peticiones de su lista. Por ejemplo, el siguiente verso serviría muy bien para eso:

1 Para sugerencias más prácticas de cómo usar su lista de oracion, Yo recomiendo el libro "Crezca en la Oración" de Mike Bickle.

"Para que andéis como es digno del Señor, agradándole en todo, llevando fruto en toda buena obra, y creciendo en el conocimiento de Dios." (Colosenses 1:10)

Escojamos orar de la frase *llevando fruto en toda buena obra*. Empiece con usted mismo y pídale al Señor que lo haga fructífero en toda buena obra. Después, vaya a su categoría de Otras Personas y ore la misma frase sobre cada uno en esa categoría. Finalmente, pase a su categoría de Circunstancias y pida por cada necesidad en la lista, que los que estén en esa categoría sean f*ructíferos en toda buena obra.*

¡Para ser *fructífero en toda buena obra,*—¡algo muy hermoso de pedir, para cada persona en su lista!—Y esa solo es una frase de un verso. Mañana usted puede pedir *que caminemos como es digno del Señor*, sobre cada persona en su lista.

ORE. Pida al Señor por al menos una oración respondida, antes de que finalicen los 20 días del Reinicio.

¡Que tenga un día maravilloso en nuestro Señor Jesús!

NOTAS

Día 18
RUTINA

Recuerde: Ayer hablamos de una lista de oración. ¿La hizo usted? Si ya la hizo, tómela y úsela hoy.

Cuando un constructor construye una casa, primero edifica una estructura en la base. La estructura sostiene todo lo que se coloca en ella, como por ejemplo paneles de yeso, ventanas, puertas, etc.

En forma similar, cuando construimos una vida de oración, nosotros necesitamos una estructura en la que todo lo demás se sostenga. Nosotros estamos llamando a esa estructura *rutina*. Para ser consistentes, la oración debe ser fundamentada en la roca de la rutina. Una rutina de oración es un formato claro y una secuencia de pasos que pone orden y estabilidad en el lugar secreto.

Hay muchas clases de rutinas de oración válidas. Por ejemplo, algunas personas construyen su rutina en la oración del *Padre Nuestro* que Jesús nos dio. (Mateo 6:9-13). Ellos usan cada frase como enfoque para un segmento de su tiempo de oración. Algo como esto:

- "Padre nuestro que estas en el cielo, santificado sea Tu nombre" (verso 9). La oración inicia con un tiempo de adoración, agradecimiento y alabanza, centrada en el Padre.
- "Venga tu reino" (verso 10). Nosotros le pedimos a Jesús que establezca su reino en nuestro medio. Donde Jesús es Rey, las cosas se hacen a Su manera por Su poder. Nosotros podemos pedir que Su reino venga para cada necesidad en nuestra lista de peticiones.
- "Tu voluntad sea hecha en la tierra como en el cielo" (verso 10). Nosotros pedimos para que la voluntad perfecta de Dios sea hecha acá en la tierra —por necesidades personales, necesidades de otras personas y circunstancias en nuestra lista—.
- "Danos hoy el pan de cada día" (verso 11). Primero que nada, esta es una petición por las necesidades diarias como comida, ropa y techo. Pero nosotros también le pedimos que nos llene espiritualmente con la porción de hoy, del pan de Su palabra.
- "Y perdona nuestras deudas, como nosotros perdonamos a nuestros deudores" (verso 12). Nosotros nos esforzamos por la reconciliación en todas nuestras relaciones.
- "Y no nos metas en tentación, más líbranos del mal" (verso 13). Esta es una oración de humildad, reconociendo que dependemos de El para que nos libre del tentador. Caminar victoriosos sobre el pecado es nuestra porción.

- "Porque Tuyo es el reino y el poder y la gloria por siempre. Amén". (Verso 13). Nosotros terminamos con adoración.

ORE. Tome un minuto con cada frase en la Oración del Padre. ¿Le gustaría hacer de la estructura de esta oración, su rutina diaria?

Personalmente, yo construyo mi rutina del lugar secreto alrededor de lo que llamo *lectura simultánea de la Escritura.* Prefiero #OrarLeer diariamente en 4 diferentes lugares de la Escritura: Salmos, el Antiguo Testamento, los Evangelios y las Epístolas. Yo llevo el ritmo de cada lectura para poder finalizar la Biblia entera, en un año. Casi todo lo de mi lista de oración es incorporado en mi lenguaje de oración mientras leo y medito en las Escrituras. Para más detalles de cómo estructurar mi rutina, vea el capítulo 20 en mi libro *Secretos del Lugar Secreto.*

Si usted es sacado de su rutina, sólo presione el botón de Reinicio y regrese.

Para ver algunos planes de lectura bíblica que sugerimos, haga una búsqueda de internet o visite

https://oasishouse.com/pages/plan-espanol.

Al principio, su rutina de oración puede parecer inestable. Pero cuando usted se apega a ella, será refinada con el tiempo y usted desarrollará su propio ritmo de caminar y hablar con Jesús. Así que, comencemos.

Considere el construir uno o todos esos elementos en su rutina de oración: Arrepentimiento. Limpieza. Agradecimiento. Alabanza. Lectura de la Escritura. La Oración del Señor. Mi lista de peticiones (del Día 17). Adoración.

ORE. Ore sobre los elementos mencionados arriba. ¿Cuáles incluirá usted? Escriba su rutina en los siguientes renglones, en el orden general que usted espera seguir:

1. ______
2. ______
3. ______
4. ______
5. ______
6. ______
7. ______
8. ______

Ponga esta rutina escrita delante de usted y modifíquela hasta que sienta que la secuencia es correcta y se convierta en intuitiva. Le aseguro que el tener una rutina le ayudará a tener consistencia y permanencia en su vida de oración.

¡Regocíjese en el Señor hoy!

NOTAS

Día 19
PERSEVERE

Recuerde: Escriba una copia de la rutina de oración que usted hizo ayer y construya su vida de oración alrededor de esa rutina. ¿La puede empezar a seguir hoy?

Mientras nosotros nos acercamos a la culminación de este Reinicio de oración de 20 días, yo quiero enfatizar el rol tan crucial de la *perseverancia* en la oración. La perseverancia es esencial si nosotros deseamos alcanzar la realidad gloriosa que Pablo describió de orar sin cesar. (1 Tesalonicenses 5:17).

Yo puedo ser tentado a ver este Reinicio como un experimento o un ensayo, es decir "Si obtengo algo bueno de estos 20 días, entonces continuaré". Pero eso es como plantar un grano de maíz y decir "Si obtengo una cosecha de maíz en los siguientes 20 días, yo plantaré más."

Pueden pasar días o semanas, antes de que nosotros empecemos a cosechar los beneficios de las semillas que hemos sembrado en la oración. Pero permita que la palabra de Dios le de combustible a su expectativa – si usted siembra, indudablemente usted cosechará—:

> *"Los que sembraron con lágrimas, con regocijo segarán. Irá andando y llorando el que lleva la preciosa semilla; Mas volverá a venir con regocijo, trayendo sus gavillas." (Salmo 126:5-6)*

ORE. Pida al Señor por una gracia duradera para el tiempo de siembra, energía y fe en su vida secreta de oración.

La seguridad de que la cosecha sigue a la siembra se encuentra en muchos pasajes en la Escritura. Acá está uno de mis favoritos:

> *"Porque el que siembra para su carne, de la carne segará corrupción; mas el que siembra para el Espíritu, del Espíritu segará vida eterna." (Gálatas 6:8)*

Nosotros estamos seguros de que cuando sembramos para el Espíritu, cosecharemos del Espíritu. Si sembramos para el lugar secreto nosotros eventualmente cosecharemos del lugar secreto. Es imposible continuar sembrando para el Espíritu sin finalmente cosechar auténtica fortaleza espiritual. Permítame decir lo mismo en dos formas.

- Siembre tiempo en la meditación de la Palabra y usted cosechara revelación de la Palabra.
- Siembre un esfuerzo dado por gracia, en su vida de oración y usted cosechará la satisfacción de una vida de oración emocionante.

Perseverancia es la clave. Perseverar diariamente en oración es la forma en que la vida de oración es establecida.

¡Estos 20 días de Reinicio están hechos para ayudarle a usted a descubrir que, a través de la fortaleza de Cristo, usted lo puede hacer!

Considere esta poderosa palabra de Cristo:

"Con vuestra paciencia ganaréis vuestras almas". (Lucas 21:19)

Paciencia aquí significa *perseverancia*. Perseverancia es la forma en la que nos aferramos firmemente a nuestro destino eterno con Dios.

Pura fuerza de voluntad o inspiración, puede llevar nuestra vida devocional por 20 días, pero solamente la perseverancia motivada por El Espíritu nos llevara por un tiempo largo.

ORE. Clame por gracia y poder para perseverar en la oración. Permita que esto salga de las profundidades de su alma.

Tome tiempo para escuchar. ¿Está el Espíritu Santo guiándole a continuar la oración diaria, después de este Reinicio? ¿Quiere extender usted la promesa que hizo en el Día Dos de este Reinicio?

Si desea, usted está invitado a hacer su promesa aquí.

MI Promesa de Perseverancia, para Dios

Yo me comprometo, por la Gracia de Dios, a pasar al menos 20 minutos al día en el lugar secreto con Jesús, por los siguientes ______________. ((Llene en el espacio la cantidad de tiempo que usted se quiere comprometer, por ejemplo, seis meses o tres años o el período de tiempo que usted desee.)

Signature ______________________________ Date __________

Que El Señor honre su siembra con una gran cosecha espiritual. Que Sus amores deleiten y satisfagan su alma, continuamente. Que por Su gracia usted descubra las esferas de intimidad con Jesús que sólo la oración perseverante puede alcanzar.

¡Usted tendrá un día bendecido morando en Su amor!

NOTAS

Día 20

CREZCA

Recuerde: Esto es una carrera de resistencia, no una carrera de velocidad. El Espíritu Santo está deseoso de ayudarle a permanecer en todo el trayecto, hasta el fin. ¡Usted tiene el favor de Dios para la carrera!

Hoy celebra el cumplimiento de su resolución de 20/20, de orar durante 20 días por 20 minutos diarios. ¡Maravilloso! La parte más difícil—el inicio—quedó atrás. Delante de usted está la gloriosa aventura de su crecimiento en Cristo para toda la vida.

Durante este Reinicio, usted repasó las piedras fundamentales en las que se construye una vida de oración. ¿Cuál fue el momento más significativo para usted, en estos 20 días? Escríbalo acá como una memoria.

....

....

¿Qué victoria experimento usted durante estos días, que le da confianza que el Señor continuará guiándole hacia adelante en triunfo? Escríbalo como un recordatorio.

Nosotros queremos crecer en Cristo. Todos empezamos como bebes espirituales, pero nadie quiere quedarse así. Los bebes saludables continúan creciendo. Nuestra decisión de crecer en la oración se hace más seria por esta advertencia de Jesús:

"Y por haberse multiplicado la maldad, el amor de muchos se enfriará." (Mateo 24:12)

Nosotros vivimos en los días de los que habló Jesús. El mundo está abandonando la ley de Dios y como consecuencia la entrega de *muchos* se está enfriando.

ORE. Clame al nombre del Señor. Exprese su anhelo por salud espiritual. Pídale que le permita que su amor por Cristo crezca más y más ferviente, en esta generación maligna. ⏻

Pedro convirtió la advertencia de Jesús, en una exhortación positiva:

"Antes bien, creced en la gracia y el conocimiento de nuestro Señor y Salvador Jesucristo. " (2 Pedro 3:18)

ORE. *¿Señor, como puedo yo seguir creciendo en la gracia y conocimiento de Cristo?* ⏻

Tome unos momentos para meditar en el siguiente verso y crea en la promesa expresada aquí:

"El justo florecerá como la palmera; Crecerá como cedro en el Líbano" (Salmo 92:12)

Los árboles crecen lenta y firmemente durante su vida. Quiera que esta gracia de crecer también sea suya.

Cuando se refiere a la vida de oración, pídale al Señor que le ayude a crecer en al menos 3 áreas:

- Crezca en el amor de Cristo. Este Reinicio no es acerca de disciplina, determinación o marcar casillas; esto es acerca de crecer en un amor ferviente por el Salvador crucificado. Nosotros queremos un corazón sensible que nos mueva con un tierno afecto, cuando contemplemos Su gloria en este mundo. Todo es anhelar y desear. ¡Por esta razón oramos.
- Crezca en #OrarLeyendo las Escrituras y en una amplia inmersión en la palabra. ¿Quiere llegar a un lugar donde usted este leyendo la biblia completa, una vez al año?
- Crezca en la cantidad de tiempo que usted dedica diariamente a su lugar secreto. Vendrá el momento cuando 20 minutos al día no serán suficientes.

¿Quiere usted que la oración inyecte todo con vida? Entonces yo sugiero hacer oraciones esporádicas y espontaneas, de 20 segundos, durante el día. Mientas maneja o camina, por ejemplo, una conversación de 20 segundos con Jesús puede producir que su amor por El desborde nuevamente. Conversaciones de 20 segundos con su Amado a través del día, incrementaran el estar consciente de Su presencia.

Usted se puede preguntar, Bob ¿me puede recomendar algunos recursos que me ayuden a crecer más en la oración? Si, para su siguiente etapa le sugiero leer *Secretos del Lugar Secreto*. Yo lo escribí precisamente para el lugar donde usted está ahora, reportes indican que ese libro ha ayudado a mucha gente. Si lo lee, con oración, este libro pondrá un fresco fuego en el altar de su corazón y encenderá su deseo por orar más y más.

Usted se ha iniciado en la gloriosa aventura de una relación íntima, de comunión con Jesucristo. ¡Que la palabra de Cristo more en usted abundantemente y que abunde en toda buena obra!

NOTAS

Recursos para crecer en oración:

- *Secretos del Lugar Secreto,* por Bob Sorge.
- *Crezca en la Oración,* por Mike Bickle.
- Manténgase conectado en PrayerReset.com.

REINICIO

RECORDATORIO Y LISTA DE CONTROL DIARIO

(separador que se desprende)

- Retírese al mismo lugar, a la misma hora.
- Declare guerra a toda distracción.
- Arrepiéntase y sea lavado por la sangre de Jesús.
- Ofrezca agradecimiento y alabanza con amor sincero.
- #OreLea las Escrituras, Siga un plan de lectura.
- Escuche, anote en su diario y obedezca.
- Ayune ocasionalmente.
- Siga una rutina de oración y use una lista de peticiones.
- Permanezca. Complete la promesa de mi oración. Continúe creciendo.

REINICIO RESUMEN DE 20 DIAS

Desee: Jesús le está motivando con un deseo fuerte de orar.

Decida: Usted ha decidido dedicar 20 minutos diarios, por los siguientes 20 días, para orar.

Alcance: Rehúse el permitir que cualquier fracaso del pasado lo desvié. Vuelva a donde estaba y extiéndase hacia adelante.

Pelee: Toda distracción para orar es maligna. ¡Esto es una guerra!

Lugar: Retírese para orar, al mismo lugar todos los días.

Reloj: Separe el tiempo del día cuando usted se sienta de lo mejor.

Arrepiéntase: Arrepiéntase cuando sea necesario.

Limpieza: Sea lavado con la sangre de Cristo y entre con confianza a los brazos de su Padre.

Agradezca: Inicie con acción de gracias y alabanza.

#OreLea: Ore las Escrituras mientras las lee.

Salmos: Encuentre en los salmos palabras para orar.

Escuche: Sí, hable; pero aún mejor, escuche.

Diario: Anote y revise cada cosa que venga a su mente, que sea importante para ser anotada.

Obedezca: Determínese a obedecer cada palabra que Él habla a través de la Escritura.

Ame: Dígale a Él, una y otra vez, que usted está haciendo todo por amor.

Ayune: Ayune ocasionalmente.

Lista: Use una lista de peticiones de oración por un año, para determinar si ésta le ayuda.

Rutina: Organice los elementos de su rutina de oración en un orden establecido y siga ese formato diariamente.

Persevere: Continúe siempre sembrando en su lugar secreto, aunque no tenga deseo de hacerlo, sabiendo que eventualmente segara una cosecha.

Crezca: Reciba gracia para continuar creciendo en la oración durante toda su vida. ¡Hay más!

PREGUNTAS PARA DISCUSION DE GRUPO

Los grupos que estén estudiando juntos este libro, se pueden reunir tan frecuentemente como deseen. Acá hay algunas preguntas opcionales para enviar por texto o para discutir:

Día 1

- ¿Por qué decidió empezar este Reinicio de oración?
- ¿Qué es "aquello" que usted desea de Cristo, más que cualquier otra cosa?

Día 2

- ¿Siente usted que este Reinicio es un experimento, o ha hecho una decisión firme para seguir adelante?
- ¿Qué es lo que más le llama la atención de Lucas 10:42?

Día 3

- ¿Qué significa para usted, personalmente, el principio de extenderse hacia adelante, que está en Filipenses 3:13-14?
- ¿Hay fracasos del pasado, en los que usted está presionando el botón de borrar? Explique.

Día 4

- ¿Cuál es su distracción más grande al orar?
- ¿Le ha dado Dios una estrategia, para pelear en contra de esa distracción?

Día 5

- ¿Puede orar cada dia, en el mismo lugar? ¿Compártale al grupo, en dónde usted realiza mejor la oración?
- ¿Encuentra usted fácil o difícil el apartarse y estar en silencio ante Dios?

Día 6

- ¿A qué hora del dia usted se siente de lo mejor o está más alerta?
- ¿Como acomodará usted su agenda, para poder orar alrededor de esa hora del día?

Día 7

- ¿Le es difícil confesar y arrepentirse o es le fácil hacerlo?
- ¿Qué ha aprendido del arrepentimiento, que tal vez le ayude a alguien más en el grupo?

Día 8

- ¿Qué preguntas tiene acerca de la sangre de Jesús, para las que le gustaría tener respuestas?
- ¿Usted espera recibir el rociamiento de la sangre de Cristo cada día?

Día 9

- ¿Puede compartir una historia de alguien que le molestó, por haber sido tan malagradecido (a)?
- ¿Por qué cree usted que El Señor quiere que nos acerquemos a Él con acción de gracias y alabanza?

Día 10

- ¿Cómo ha sido su experiencia mientras intentó #OrarLeer las Escrituras?
- ¿Tiene algunas preguntas que le gustaría hacer al grupo, acerca de #OrarLeyendo?

Día 11

- ¿Qué fue lo que más disfrutó acerca de los Salmos?
- ¿Qué piensa de la sugerencia del autor, de pasar más tiempo cada día, orando de un salmo?

Día 12

- ¿Qué piensa usted de la afirmación del autor, que oír es la palabra más importante de la biblia?
- ¿Puede compartir con el grupo algunos secretos para escuchar a Dios más claramente?

Día 13

- ¿Lleva usted un diario? ¿Por qué o Por qué no? ¿Planifica empezar?
- ¿Tuvo alguna dificultad para responder a las tres preguntas del final del Día 13?

Dia 14

- ¿Para usted personalmente, qué significa Lucas 6:46?
- ¿Está usted de acuerdo con el autor, que la oración sin obediencia no tiene sentido?

Día 15

- ¿Cuándo empezamos a hablar del lado romántico del evangelio—amor, intimidad, deseo—es fácil o difícil para su corazón ir ahí? ¿Algún comentario?

- Jesus dijo, "Permanezcan en Mi Amor." ¿Qué significa eso para usted?

Día 16

- ¿Cuándo se refiere a ayuno, cuáles son sus preguntas, temores, retos y victorias?
- Quisiera nuestro grupo hacer un ayuno juntos?

Día 17

- ¿Qué elementos ha puesto usted en su lista de peticiones de oración?
- ¿Mencione tres personas a las que usted ha puesto en su lista de oración y por qué?

Día 18

- ¿Cuál es la estructura de su rutina de oración?
- ¿Ha podido encontrar un Plan de Lectura de la Biblia, que usted piense que le funcionará?

Día 19

- ¿Cómo podemos permanecer en la oración diaria, cuando perdemos inspiración y motivación?
- ¿Firmó usted una promesa para continuar perseverando en la oración, después de este Reinicio? ¿Por qué o Por qué no?

Día 20

- ¿Cómo desea crecer en la oración?
- ¿Estarían interesados como grupo, en estudiar otro libro de oración? ¿Desean seguir reuniéndose?

TÍTULOS DE BOB SORGE

Títulos en Español

Reinicio

Secretos del Lugar Secreto

Secretos del Lugar Secreto: Para reflexión personal y discusión de grupos

Oración Implacable

Exploración de la Adoración

Gloria: Cuando el Cielo Invade La Tierra

Sumérgete en el Rio de Dios

El Castigo Del Señor

La Envidia el Enemigo Interior

Lealtad

Esto es un Asunto Personal

Un Pacto Con Mis Ojos

El Poder de la Sangre

El Fuego de las Respuestas Tardías

English Titles:

Reset

Secrets of The Secret Place

Secrets of The Secret Place: Companion Study Guide

Secrets of The Secret Place: Leader's Manual

Unrelenting Prayer

Illegal Prayers

Power of the Blood

Minute Meditations

Exploring Worship: A Practical Guide to Praise and Worship

Glory: When Heaven Invades Earth

Following the River: A Vision For Corporate Worship

In His Face
The Fire of Delayed Answers
The Fire of God's Love
Pain, Perplexity, & Promotion: A Prophetic Interpretation of the Book of Job
Opened from the Inside: Taking the Stronghold of Zion
Between the Lines: God is Writing your Story
The Chastening of the Lord
Dealing with the Rejection and Praise of Man
Envy: The Enemy Within
Loyalty: The Reach of The Noble Heart
It's Not Business It's Personal
A Covenant with My Eyes

Los libros de Bob están disponibles en los siguientes sitios:

- En Estados Unidos llame a Oasis House at 816-767-8880
- oasishouse.com
- christianbook.com
- amazon.com
- Kindle, iBooks, Nook, Google Play, Audible.com

twitter.com/BOBSORGE
facebook.com/BobSorgeMinistry
Blog: bobsorge.com
To see Bob's films, go to youtube.com and enter a search for "Bob Sorge Channel"
Para ver los videos de Bob, vaya a youtube.com y entre a buscar "Bob Sorge Channel"